VENTE

du Lundi 21 et Mardi 22 Décembre 1908

à 2 heures

Hôtel Drouot, Salle N° 8

Objets d'Art

de la

CHINE & DU JAPON

Commissaire Priseur

M° EDOUARD FOURNIER

29, Rue de Maubeuge

Experts

MM BLEE & ROUGEYRON

34, Rue de la Victoire

CATALOGUE

des

Objets d'Art

de la

CHINE & DU JAPON

❧ ❧ ❧

BRONZES — PORCELAINES & CÉRAMIQUES
GRÈS — BOIS SCULPTÉS — ÉMAUX
ARMES — CUIVRES — IVOIRES — AGATES
INROS — PARAVENTS LAQUÉS
COLLECTION DE NETSUKÉS, EN IVOIRE
ET EN BOIS SCULPTÉ

dont la vente aura lieu

Les Lundi 21 et Mardi 22 Décembre 1908

à 2 heures

Commissaire-Priseur	Experts
Mᵉ ÉDOUARD FOURNIER	MM. BLEE & ROUGEYRON
29, Rue de Maubeuge	*34, Rue de la Victoire*

CHEZ LESQUELS SE TROUVE LE PRÉSENT CATALOGUE

EXPOSITION PUBLIQUE

Le Dimanche 20 Décembre 1908, de 2 heures à 5 heures 1/2

D. 1600

CONDITIONS DE LA VENTE

———

Elle sera faite expressément au comptant.

Les acquéreurs devront payer 10 o/o en sus des enchères.

L'Exposition mettant le public à même de se rendre compte des objets à vendre, il ne sera admis aucune réclamation, même sur l'adjudication prononcée.

———

DESIGNATION

BRONZES

1. — Vase cornet. de forme élancée, à patine verte et rouge.

2. - Vase bouteille à fleurs. orné de lotus en relief. Patine sombre.

3-4. Paire de chandeliers. décor de rinceaux ajourés.

5. — Vase à fleurs. carré. Patine verte et rouge.

6. — Porte-bouquets formé d'un liseron finement élancé. Patine verte.

7-8. — 2 Porte-bouquet en forme de lotus, à patine verte tachetée de rouge.

9. — Vase à fleurs, en forme de champignon, patine verte tachetée rouge.

10. — Socle tripode à patine brune.

11. — Plateau orné d'une chimère.

12-13. — Clochettes boudhiques.

14. — Vase à eau, à une anse. patine rouge.

15. Bassin.

16. — Vase suspension, décor de pin et du dieu de longévité en relief.

17. Jardinière rectangulaire. ornée d'un motif de paysage en relief.

18. - Brûle-parfum suspension. orné d'une grue volant.

19. — Bouilloire à Saké, ornée d'armoiries.

20. — Vase à fleurs, évasé à la partie inférieure, patine sombre tachée rouge.

21. Brûle-parfum ovoïde, archaïque, avec couvercle.

PORCELAINE DU JAPON

22. — Bol à gâteau, décoré d'un aigle perché sur une branche de pin.

23. — Plat décoré d'un paysage chinois. rehaussé d'or.

24. — Plat décoré de papillons.

25. — Brasier, à décor de chrysanthèmes sur fond vert clair. socle.

26. — Bol chinois. à décor bleu et blanc, époque Kwan-hsi.

27. — Plat, genre Koutani en émaux violets et verts, d'une floraison iris et de camélia.

28. — Plat rond, décoré en émaux de couleurs. d'un dragon. bordure à rinceaux.

29. — Plat rond, décoré en émaux de couleurs, d'une carpe, sur fond jaune.

30. — Plat rond à fond jaune parsemé de Paulomnia et de phénix.

31-32. — Plats ronds. ornés d'un couple heureux.

33. — Bol, décoré de poissons, sur fond vert.

34. — Autre bol, décoré de poissons, sur fond vert et jaune.

35. — Petit brûle-parfum à panse renflée. couvercle en argent. Patine brune rougeâtre.

36. — Statuette en terre cuite présentant une femme jouant avec un enfant, signée Korén.

37. — Ornement en albâtre, représentant quatre singes l'un sur l'autre.

38. — Ornement représentant un singe assis sur une souche.

39. — Ornement représentant Hotéi debout.

40. — Guerrier assis à armure en émaux de couleurs.

41. — Porte-bouquet hexagonal de couleur rouge, à décor d'enfants chinois et de chiens.

42. — Pot à fleurs de Corée de couleur grise.

43. — Vase à fleurs rectangulaire, blanc.

44. — Bouteille à Saké, de genre Koutani orné de feuillage d'érable en couleurs.

45. — Bouteille à Saké, Imari, de forme carrée, décorée de fleurs.

46. — Bouteille à Saké, Imari, décor de chataigne sur fond bleu.

47. — Bouteille à Saké, décor de fleurs de cerisier.

48.   Bouteille à Saké, genre Biteu.

49. — Bouteille à Saké, craquelée brun clair.

50. — Bol en grès évasé genre Michima, rehaussé d'or.

51. — Bol en grès genre Karattu.

52. — Bol en grès genre Shino.

53. — Bol en grès genre Rakou.

54. — Bol en grès genre Kibi.

55. — Bol craquelé décoré de paulomnia.

56. — Plat craquelé. décor de pin.

57.   Bouteille à Saké craquelée et décorée de fleurs de cerisier.

58. — Bouteille à Saké genre Koutani. décorée de feuillages de pin et de bambou.

59.   Pot carré à cendre. avec couvercle, en porcelaine de Koutani décorée de paysages animés de personnages.

60.   Pot à eau de couleur brun foncé rehaussé d'or.

61. — Brûle-parfums en forme de Chimère, genre Bizeu.

62. — Vase à fleurs ovoïde. couleur brun foncé sur fond blanc craquelé.

63.   Pot à fleurs genre Amégotchi. décoré d'armoiries.

64.   Vase à fleurs, à partie supérieure rouge sur fond blanc.

65. — Pot à eau et son couvercle. genre Rakou.

66.   Pot à fleurs. genre Bizeu.

67. — Pot à eau ovoïde. genre Iga, décoré d'iris.

68. — Vase bouteille, à fleurs, à partie inférieure bleu foncé.

69. — Vase à fleurs, cylindrique. à partie supérieure renflée, flammée de vert.

70.   Mizutachi de forme sphérique, genre Karatou, à couvercle en bois laqué noir.

71. — Pot à eau avec couvercle craquele sur fond gris.

72. — Statuette de divinité chinoise, en émail blanc.

73.   Pot à fleurs formé de quatre bouteilles à saké réunies.

74.   Bol à gateau, époque Kieu-Lung, signé en bas.

75. — Vase à fleurs, flammé vert. rehaussé d'or — époque Kieu-Lung.

76.   Pot à eau formé d'un caractère chinois polychrome, époque Kieu-Lung. socle en bois sculpté.

77. — Ornement décoratif polychrome, forme d'un dragon
     sacré — socle en bois sculpté.
78. — Potiche décorée d'oiseaux et de fleurs, en bleu sur blanc,
     rehaussé d'or.
79. — Potiche décorée d'un savant et de deux enfants chinois,
     en bleu sur blanc, époque Kwang-hsi, couvercle en
     bois sculpté.
80. — Potiche et son couvercle, en cinq couleurs, décoré en
     réserve d'un palais chinois, rehaussé d'or.
81-82. — Ornements décoratifs, représentant une chimère
     unicorne, de couleurs jaune, vert et mauve.
83. — Vase à fleurs, hexagonal, renflé au milieu, couleur
     rougeâtre.
84. — Potiche et son couvercle, décoré de rinceaux en bleu
     sur blanc.
85-86. — 2 Vases à fleurs, à long col, à renflement central,
     décor de rinceaux en bleu sur blanc, époque Kwan
     hsi.
87. — Vase à fleurs, à long col, sur base ovoïde, décor
     d'agneau dans les roseaux.

OS ET BOIS SCULPTÉ

88. — Étui de pipe, en os sculpté : personnage à longue
     jambe.
89. — Autre étui de pipe, en os sculpté : poisson.
90. — Autre étui de pipe, en os sculpté ; monstre aquatique.
91. — Autre étui de pipe, en os richement sculpté ; chat assis
     sur une
92. — Autre étui de pipe, en os sculpté ; pieuvre saisissant
     une pêcheuse.
93. — Autre étui de pipe, en os sculpté : personnage à longue
     jambe.
94. — Autre étui de pipe, en os sculpté ; pieuvre.
95. — Autre étui de pipe, en os sculpté ; Iris.
96. — Autre étui de pipe, en os sculpté : poisson.
97. — Autre étui de pipe, en os sculpté : personnage à longue
     jambe.

98. — Étui de pipe, en bois sculpté ; chimère aplatie.

99. — Étui de pipe, en bois sculpté ; dragon.

100. — Étui de pipe, en bois sculpté ; serpent.

101. — Autre étui de pipe, en bois sculpté ; truite.

102. — Autre étui de pipe, en bois sculpté et laqué : 2 personnages à longues jambes.

103. — Étui de pipe, en bois laqué, incrusté de nacre. représentant une tige de cerisier.

104. — Étui de pipe, en bois sculpté ; chimère tenant dans sa gueule une boule.

105. — Étui de pipe. en bambou gravé ; deux chasseurs.

106. — Étui de pipe en bambou gravé et incrusté d'ivoire : enfant ramassant des feuilles de pin.

107. — Étui de pipe, en bambou richement sculpté ; groupe d'insectes.

108. — Étui de pipe, en bambou sculpté : moineau perché sur un grenadier.

109. — Étui de pipe, en bois sculpté de six figures. représentant des poètes célèbres.

110. — Étui de pipe. en bois sculpté : guerrier tenant un babouin.

111. — Étui de pipe, en bambou sculpté.

112. — Étui de pipe, en bambou sculpté : singe sur un grenadier jetant des fruits à un crabe.

113. — Étui de pipe, en bois sculpté ; serpent prenant un lièvre.

114. — Petit sabre de médecin. en bois sculpté, orné d'un cerisier.

115. — Petit couteau en bois sculpté et laqué, orné d'un dragon.

116. — Sabre de médecin. en bois sculpté Raiko, garde (?) de Rachomou.

117-118. — 2 Sabres de médecins, en bois sculpté. ornés chacun d'un dragon.

119. — Sabre de médecin. en bois sculpté, orné d'un poisson desséché.

120. — Sabre de médecin, en bois sculpté, cheval au galop.

121. — Sabre de médecin, en bois sculpté et laqué, orné d'un poisson.

122. — Sabre de médecin, en bois sculpté et laqué, à figure de dragon.

123. — Sabre de médecin, en bois sculpté, orné au bout d'une chimère avec le netsuké.

124. — Sabre de médecin, en bois sculpté, orné d'un dragon.

125. — Sabre de médecin, en ivoire sculpté, orné d'un dragon dans un nuage.

126. — Sabre avec sa garniture complète, fourreau en laque sombre.

127. — Sabre de médecin, en bois et en ivoire, orné de libellules, en incrustation de nacre.

128. — Sabre de médecin, en bambou, de forme courbée.

129. — Sabre à fourreau, en laque noire, décoré de gourdes en laque d'or — poignée en requin.

130. — Sabre à fourreau, en laque Nachiji, décoré de coquillages garni de Kozuka.

131. — Cinq briquets anciens, grains de fer.

132. — Briquet ancien, garni de fer.

133. — Ornement en fer, repoussé d'Aruna.

134. — Ornement en fer, représentant le masque d'Ofukou.

135. — Boîte à poudre, en cuivre, à inscriptions chinoises et rinceaux.

136. — Masque d'Ofukou, en bois sculpté.

137. — Boîte à parfum, en forme de canard-mandarin sculpté.

138. — Cachet en bois sculpté, forme de tortues.

139. — Statuette de pèlerin debout sur un crapaud; bois sculpté.

140. — Statuette d'Ofukou en robe de cour; bois sculpté.

141. — Statuette d'Otéi assis; bois sculpté et laqué.

142. — Statuette du poète Hitomaru, incliné sur un appui-main; bois sculpté.

143. — Statuette de Sarumarou-Dayu, incliné sur un appui-main et tenant un pinceau; bois sculpté.

144. — Ornement en bois sculpté : Groupe de petits chiens jouant.

145. — Ornement en bois sculpté, représentant un enfant chinois sur un éléphant, conduit par un autre enfant.

146. — Paire de socles dorés, formés de tiges de lotus.

147. — Statuette de Bouddha, assis sur un rocher doré.

148. — Petite pagode thibétaine, en cuivre jaune.

149. — Ornement en bois sculpté représentant un chrysan-
thème.

150. — Deux statuettes de chanteur et de joueur de chanriséu,
en bois sculpté et laqué.

151. — Brûle parfum en forme d'éléphant accroupi, bois sculpté.

152. — Panneaux en bois sculpté, représentant quatre gardiens
sacrés.

153. — Deux chimères archaïques, en bois sculpté.

154. — Brasier en bois sculpté, décoré de lys.

155. — Brasier en bois sculpté, décoré de lys.

156. — Brasier en bois sculpté, décoré de chrysanthèmes.

157. — Brasier en bois sculpté dans le style Korin, incrustations
de nacre et de burgau, figurant une forêt de pins.

158. — Vase plat et lobé, à patine verte, flammée rouge.

159. — Chandelier en bronze formé de deux enfants chinois
grimpant à une échelle.

160. — Lanterne tripode en bronze, garnie de clochettes sus-
pendues aux coins du toit.

161. — Brûle parfum en bronze, dit " Tenkin " en forme de
pêche.

162. — Pot à cendre bronze avec son couvercle.

163. — Ornement bouddhique Thibetain, en cuivre jaune.

164. — Vase à eau, en fer, en forme de cloche, avec couvercle.

165. — Vase à fleurs, en bronze, à imitation de vannerie.

166. — Brûle-parfum tripode en bronze dit " Teukin " et son
couvercle surmonté d'une chimère.

167. — Vase à fleurs, en bronze, à deux anses, patine très fine, à
ornements gravés.

168. — Jardinière en bronze, patine rouge sombre.

169. — Paravent à trois feuilles ornées de quatre estampes japo-
naises.

170. — Paravent à trois feuilles ornées de quatre estampes japo-
naises.

OBJETS EN MÉTAL

171. — Statuette de Danseuse assise, de Bougakou.

172. — Pot à eau, en forme de chimère.

173. — Statuette de pèlerin, debout sur un tabouret.

174. — Ornement décoratif, en forme de chimère.

175-176-177-178.   Ornements décoratifs; Roséi rêvant,
enfant chinois : tortue sacrée, et tortue sacrée avec son
petit sur son dos (sera divisé).

179.   Boite à timbre, décor de hou et de paulomnia, en relief.

180. — Boite à timbres hexagonale, décor d'armoiries, en relief.

181.   Chandelier formé d'une carpe dans l'eau.

182-183-184. — Ornements représentant Kirin, un animal chi-
mérique et une cigogne accroupie (sera divisé).

185.   Brûle-parfum formé d'un tigre.

186-187-189-190. — Quatre sujets représentant : Grue debout,
sur le dos d'une tortue.   Grue debout, sur une
feuille. — Enfant chinois debout sur un support. —
Grue debout.

188. — Canard sauvage, formant brûle-parfum.

191. — Brûle-parfum tripode, sur un socle.

192. — Boite à parfum hexagonale, avec couvercle.

193. — Statuette de Dieu, assis, patiné rougeâtre.

194. — Statuette de personnage Bouddhique, assis sur un
rocher.

195. — Etui à pinceau, gravé d'une tige de lotus.

196. — Vase à fleurs, à une anse.

197. — Vase à fleurs, à partie supérieure très élancée, genre
Tenkin.

198. — Brûle-parfum, orné d'érables, patine rougeâtre.

199. — Porte-pinceau, ornementation ajourée d'un dragon dans
les nuages.

200. — Porte-pinceau, de forme japonaise, décoré de cerfs en
gravure.

201. — Presse-papier, forme d'une tête de canard.

202. — Boite unie, avec couvercle.

203. — Jardinière ovale, à patine fine.

204. — Brûle-parfum, en forme de grue, accroupie.

205. — Brûle-parfum, formé d'un cheval.

206. — Bouteille à long col.

207. — Vase à fleurs, à long col.

208. — Petite bouteille piriforme, s'effilant en un long col s'évasant, patine marbrée rouge et noir.

209. — Bouteille à long col, patine noire, tachetée rouge.

210. — Vase à fleurs, orné d'un rossignol perché sur un prunier.

211. — Bouteille à long col, patine noire, tachetée rouge.

212. — Vase à fleurs, forme gourde, patine noire, tachetée rouge.

213. — Petit vase à fleurs, aplati et lobé.

214. — Vase à fleurs, à partie supérieure légèrement élancée.

215. — Bouteille à fleurs, à décor de hou, réservé en relief.

216. — Vase à fleurs, de profil incurvé, à bord lobé et évasé.

217. — Porte-bouquet finement élancé, s'évasant à la base et au sommet, et coupé à mi-hauteur par une bague moulurée, patine marbre rouge.

218. — Porte-bouquet, en forme de losange, à 2 anses-cigales.

219. — Vase à fleurs, applati et lobé à 2 autres têtes de chimères reliées par une frise gravée.

220. — Vase à fleurs, analogue au précédent numéro, grande forme, patine verte tachetée rouge.

221. — Vase à fleurs, à partie supérieure élancée, à anses, têtes de chimères reliées par une frise à mi-hauteur.

222. — Vase à fleurs, à base élargie, garni de deux anses, têtes de chimères.

223. — Vase à fleurs, hexagonal, à 2 anses, têtes de chimères.

224. — Vase à fleurs, piriforme allongé.

225. — Petite boite double à parfum, incrustée de corail.

226. — Petite boite rectangulaire, en argent gravé d'armoiries et de rinceaux.

227. — Inro, en cuivre jaune, à caractères chinois, repoussé.

228. — Inro, en métal, orné de dessins variés.

229. — Inro, en cuivre jaune, décoré de dragon et de tigre, en relief.

230. — Appliques, coquille garnie de netsukés, chimère.

231. — Applique, en métal ajouré, garnie de netsuké.

232. — Inro et étui à pinceaux, en cuivre jaune, gravés de rinceaux.

233. — Étui à pipe, en fer, décoré d'un paysage gravé.

234. — Étui à pinceau et pot à encre réunis, forme dragon.

235. — Étui à pinceau et pot à encre réunis, forme tête de dragon.

236. — Étui à pinceau, en fer, incrusté d'argent.

237. — Etui, en cuivre jaune, ajouré.

238. — Etui, en bois naturel, sculpté et laqué.

239. — Etui à pipe, laqué, en forme de bâton de pélerin.

240. — Etui à pinceau et pot à encre, en cuivre jaune, orné de pruniers en relief.

241. — Etui à pinceau et pot à encre, en bois sculpté.

242. — Etui à pinceau et pot à encre, en cuivre jaune.

243. — Boîte à tabac, en bois naturel, orné d'iris en laque d'or.

244. — Boîte à tabac, en bois naturel, en forme de corbeille.

245. — Boîte à tabac, en bois naturel, incrusté de porcelaine, à décor de raisin.

246. — Boîte à tabac, en laque noire, gravée de légumes.

247. — Boîte à tabac, en bois sculpté et laqué, en forme de cloche bouddhique.

248. — Boîte à tabac, en bois naturel, orné de passereaux en nacre et en laque.

249. — Boîte à tabac, en bois naturel, formée d'un gâteau de riz, sur lequel montent des souris.

250. — Boîte à tabac, en bois naturel, formée d'un gâteau de riz et de souris portant leur petit sur le dos.

251. — Boîte à tabac, en bois naturel : pièces de monnaies anciennes.

252. — Boîte à tabac, en bois naturel sculpté, incrustation d'ivoire en forme de Darouma.

253. — Boîte à tabac, en bois naturel sculpté et laqué, monnaies anciennes.

254. — Boîte à tabac et étui de pipe, en bois naturel, orné de de haricots, incrusté de nacre et de pierres dures.

255. — Statuette, en bois naturel laqué, pélerin avec son bâton.

256. — Statuétte de Kanu, en bois sculpté.

257. — Cinq têtes de savants, en bois laqué.

NETSUKÉS DIVERS EN BOIS & BOIS LAQUÉ

258. — Personnage assis. — Blaireau lisant. — Moineau. — Personnage jouant avec son pied. — Pèlerin avec une pêche. — Cheval.

259. — Cheval. — Pélerin et crapaud. — Blaireau, singe. — Tigre. — Manteau de paille et chapeau.

260. — Dieu de la foudre. — Deux petits chiens Benkéi et
grande cloche. — Guerrier. — Dieu de longévité. -
Aubergine.

261. — Aubergine. — Choki. — Pèlerin. — Pèlerin et crapaud.
Crâne. — Herbes.

262. — Garçon avec masque. — Masque d'oni. — Singe et
panier. — Petit chien. — Tigre. — Petit garçon.

263. — Montreur de singe. — « Ho », danseur oni. — Chimère
et boule. — Singe. — Singe.

264. — Hotéi et enfant chinois. — Petit chien. — Juro et enfant
chinois. — Boule et Dragon. — Hotéi et enfant chinois. — Homme avec une lanterne.

265. — Millet à grappes et caille. — Pèlerin et pêche. — Chien
et éventail. — Singe assis sur une tortue. — Pèlerin.
— Marchand de « Mochi ».

266. — Trompette marine et Yamabuchi Escargot sur un lotus.
— Chien accroupi. — Enfant accroupi. — Crabe sur
un lotus citron.

267. — Trompette marine. — Cloche en bois Kanon. — Cerf
et érable. — Personnage riant. — Vache accroupie.

268. — Chimère. — Pèlerin. — Passereau. — Lièvre. — Deux
petits chiens. — Vache.

269. — Aubergine. — Singe et pêche Daikokou. — Nio et san-
dale de paille. — Grenouille. — Pèlerin.

270. — Lutte de grenouilles Hotéi. — Champignon. — Coquilles.
— Cerf couché. — Singe et pêche.

NETSUKÉS EN IVOIRE

271. — Inro. — Renard faisant sa toilette. — Shoki et oni. —
Singe dans la montagne. — Personnage dansant. —
Cheval.

272. — Singe sortant d'un potiron. — Cloche. — Chapeau et
oiseau. — Masque de Sougouitchi. — Chien.

273. — Vigne et escargot. — Personnage avec flèche. — Tigre.
— Garçon jouant de la flûte sur le dos d'un chien. —
Groupe de moineaux. — Oni accroupi et pleurant.

274. — Enfant et boule. — Excursion en bateau. — Cheval.
Deux enfants chinois. — Singe monté sur le dos d'un
cerf. — Chien.

275. Champignon et grenouille. — Singe et tambour. — Groupe de libellules. — Chimère avec une boule. — Darouma et bouteille à saké. — Singe accroupi.

276. — Trois lièvres. — Pèlerin assis sur un rocher, singe, deux enfants chinois jouant aux dames. — Chien. — Serpent et grenouille.

277. — Chimère. — Cheval. — Crabe sortant d'une tige de lotus. — Chien et coquillage. — Pèlerin avec gourde. — Ecran.

278. — Enfant chinois avec une boule. — Vigne et souris. — Lièvres. — Chimère sur une table. — Enfant tenant une tortue. — Pèlerin.

279. — Chien. — Chien et coquillage. — Guerrier. — Groupe de chiens. — Cachet formé d'une chimère. — Blaireau.

280. — Singe et tortue. — Coréen. — Cheval sortant d'une gourde. — Enfants chinois jouant avec un singe. — Personnage accroupi. — Tigre et son petit.

281. — Aubergines. — Pèlerin avec sa gourde. — Personnage avec un coq. — Personnage avec une grue.

282. — Truite. — Truite.

283. Statuette en porcelaine : savant à cheval.

284. Bol, genre Hukaku, rehaussé d'or.

285-289. — Netsukés, en ivoire, ou bois peint, ou patiné. Danseur de théâtre. — Chien sur pied. — Fruit kaki — Homme au ventre nu. — Enfant à cheval. — Chien sur pantoufle.

290-293. — Netsukés en ivoire, ou bois peint, ou patiné. Homme ayant un enfant sur son épaule. — Deux châtaignes et haricot. — Tortue et crapaud sur une feuille de lotus. — Groupe de six crapauds sur une feuille de lotus.

294-298. — Netsukés, en bois et en ivoire patinés. Feuille de lotus avec deux araignées. — Singe. — Paysan assis avec bâton. — Enfant avec masque et tambour. — Groupe de trois masques.

299-303. — Netsukés, en bois ou en ivoire patiné ou peint. Danseur avec évail. — Groupe de trois masques. — Lion jouant avec une boule. — Homme à longue barbe. — Bambou et crapaud.

304-308. — Netsukés, en bois ou en ivoire patiné ou peint. Danseur à longs cheveux. — Homme couché. — Chat et souris. — Groupe de trois lapins. — Homme avec bâton.

309-313. Netsukés, en bois et ivoire patiné. Champignons. — Pieuvre dans une coquille. — Enfant sur un sac. — Aubergine. — Rat sur une coquille.

314-318. — Netsukés, en bois ou en ivoire patiné. Enfant sur la tête du dieu de la Fortune. — Bœuf couché. — Deux chiens, chat et souris sur un sac. — Deux tortues sur une fleur.

319-323. Netsukés, en bois et ivoire patiné. Groupe de deux chiens. — Prêtre shuitoiste et son calice. — Diable. — Deux chiens jouant avec une pantoufle. — Tigre.

324-328. Netsukés, en bois et ivoire patiné. Groupe de trois masques. — Tigre. — Danseur de théâtre. — Homme avec enfant. — Homme avec crapaud.

329-333. — Netsukés, en bois et ivoire patiné. Figure grotesque de femme riant. — Groupe de deux savants. — Homme au ventre nu. — Chinois. — Homme à cheval.

334. Statue de marchand, en ivoire sculpté.

335. Quatre tasses à thé Delft, décors variés.

336. Six tasses et six soucoupes Delft.

PIERRES DURES ET DIVERS

337. Deux coupes, en jade foncé.

338. Deux coupes, en jade foncé.

339. Deux coupes, en jade foncé.

340. Deux breloques, en ivoire sculpté. Panier et gourde.

341. Breloque, en jade blanc, formée d'une pêche.

342. Breloque, en jade blanc sculpté, formée d'un dragon.

343. Cachet-dragon, en jade blanc sculpté.

344. Boîte à parfum, ovale, en jade blanc.

345. Boîte à parfum, ronde, en jade blanc.

346. Trois bols.

347. — Poisson rouge, en agate.

348. — Breloque, en agathe, formée de pins.

349. — Breloque, en agate, formée de bambous.

350. — Breloque, en agate, lotus.

351. — Breloque, plate, en jade vert, gravé et ajouré, personnage monté sur un animal légendaire.

352. — Breloque, en jade vert sculpté, chauve-souris.

353. — Breloque, en jade blanc sculpté, oiseau sur une branche.

354. — Breloque, en jade gravé, martre grimpant sur un melon.

355. — Breloque, en jade vert, gravé de monnaies anciennes du Japon.

356. — Breloque, en jade vert, gravé, grenouille sur un lotus.

357. — Breloque, en jade vert, gravé d'arbres.

358. — Vase à pinceaux, en jade, de forme ovale, à anse mobile. — Socle en bois de santal rouge, sculpté.

359. — Petite potiche et couvercle, en jade, gravé de rinceaux.

360. — Ornement décoratif, en jade, sculpté.

361. — Vase à fleurs, en cristal de roche, portant gravé : La Montagne du bonheur — il est à 2 anses, formées de 2 anneaux mobiles retenus par des têtes — couvercle et socle. H. 0,19.

362. — Brûle-parfum à couvercle, en jade, formé d'un canard mandarin finement sculpté — socle en bois sculpté. H. 0,16.

363. — Vase à fleurs, en aventurine, à 2 anses, anneaux mobiles retenus par deux têtes, gravé de rinceaux. Le couvercle est surmonté d'une chimère. H. 0,19.

364. — Vase à fleurs, en cristal de roche sculpté, dragon dans un fleuve. Couvercle surmonté d'une chimère. Socle en bois sculpté. H. 0,16.

365. — Vases carrés, en bronze ancien de la Chine, décor d'arbuste gravé aux anneaux.

366. — Groupe de divinité chinoise et de deux enfants, en ancien blanc de Chine, socle porcelaine céladon.

367. — Autre groupe de divinité chinoise et de trois enfants, ancien blanc de Chine, socle bois sculpté.

368. — 5 ponts, dent de mors sculptées, supportant des Lions, Eléphants, Canards, Pigeons, Chimères (sera divisé).

369. — 2 chimères en grès émaillé, époque Ming.

370. — Une chimère analogue au précédent numéro.

371. — Groupe de fruits rouges en pyramide, grès émaillé Kang-Ni, socle bois sculpté.

372. — Vase carré, décor d'animaux chimériques Tao-Kuang, couvercle en bois.

373. — Socle carré, décor d'arbustes fleuris et d'oiseaux, décor Kia-King.

374. — Théière et couvercle, terre émaillée Boccaro, époque Tao-Kuang.

375. — Beau vase à panse aplatie et 2 anses lions. Décor de personnages et guerriers en bleu et rouge, époque Young-Tching.

376. — Autre vase, à bord dentelle et chimère, en relief, décor de nombreux personnages, époque Tao-Kuang.

377 — Autre vase, à col évasé, décor pagodes et paysages, époque Kien-long.

378. — Vase-bouteille, décor de personnages et de paysages, époque Kia-King.

379. — Petit vase-bouteille à chimère en relief, émail bleu turquoise truité, époque Kung-long.

380. — Vase rouleau à col, décor de personnages, époque Kien-long.

381. — Petit vase rouleau, émail jaune Kien-long ?

382. — 2 pots à riz, à couvercle, décor fleuri et lambrequins en bleu sur blanc, époque Tao-Kouang.

383. — 2 vases à panse élargie, anses fixes têtes d'animaux, émail bleu foncé.

384. — Vase boîte à thé et couvercle, décor de paysages en bleu sur blanc.

385. — Boule à couvercle, décor de paysages animés, époque Kia-King.

386. — 2 boules, décor de fleurs, papillons, etc., sur fond vert, époque Kien-long, couvercle en bois sculpté.

387. — Autre boule à couvercle, décor de caractères et de fleurs en émaux polychromes sur fond vert, époque Kien-long.

388. — Jardinière, genre botte de bambou, émail gros bleu, époque Kien-long.

389. — Jardinière, décor fleuri en bleu et sur blanc, époque Kien-long.

390. - Vase Pythong, décor au dragon en bleu sur blanc, époque Kang-Ni.

391. Vase Pythong, décor d'oiseaux mythologiques, époque Kang-Ni.

392. — Petit vase Pythong, à fleur sur fond vert. Kien-long.

393. 2 bol et leur couvercle présentoir, décor bambou bleu sur blanc, époque Tao-Kuang.

394. — Coupe en porcelaine, à décor trompe-l'œil.

395. — Grand plat creux, décoré dans tout le fond d'un dragon et, au bord, d'une grecque en bleu sur blanc, époque Tao-Kuang.

396. Plateau octogonal, décor bleu sur blanc, époque Tao-Kuang.

397. — Plateau circulaire, décor fleuri blanc sur blanc, époque Tao-Kuang.

398. Objets omis au présent catalogue.

IMPRIMERIE FRAZIER-SOYE

153-157, RUE MONTMARTRE

PARIS